Sei ganz du selbst
Branding für Autoren

Herstellung und Verlag:
BoD - Books on Demand, Norderstedt
ISBN 978-3-7392-1439-9

Annika Bühnemann

Sei ganz du selbst
Branding für Autoren

Ratgeber

Die Informationen in diesem Buch wurden mit größter Sorgfalt zusammengetragen, dennoch können Fehler nicht ausgeschlossen werden. Die Autorin übernimmt keine juristische Verantwortung oder Haftung für eventuell verbliebene Fehler und deren Folgen.
Das vorliegende Werk ist urheberrechtlich geschützt. Alle Rechte vorbehalten, einschließlich der Vervielfältigung, Übersetzung, Verfilmung oder etwaiger Speicherung und Verarbeitung in elektronischen und nicht-elektronischen Systemen.

Copyright © 2015 by Annika Bühnemann

Herausgeber:
Annika Bühnemann
c/o Papyrus Autorenclub
Pettenkoferstr. 16 – 18
10247 Berlin

Korrektorat: Alexandra Zwölfer
Umschlaggestaltung: Annika Bühnemann
Grafik: Tverdohlib.com (depositphotos.com)

Wenn die männliche Bezeichnung einer Person oder Sache („Autor") gewählt wurde, geschah das auch Gründen der Lesbarkeit. Es sind immer beide Geschlechter gemeint.

Besuchen Sie auch die Webseite der Autorin:
www.vomschreibenleben.de

Inhaltsverzeichnis

Wie funktioniert dieses Buch? 7
Schritt 1: Der Blick auf dich selbst 8
   Deine Mission 9
   Deine Vision 9
   Deine Werte 11
   Werte priorisieren 16
   Adjektive 18
   Hobbys 20
Schritt 2: Der Blick auf dein Gegenüber 25
   Du kannst nicht jedem gefallen 26
   Wer ist deine Zielgruppe? 28
   Wie werden Leser und Influencer zu Unterstützern? 32
Schritt 3: Dein Corporate Design 38
   Was macht gutes Corporate Design aus? 38
   Zum Thema Logo und Slogan 41
   Vorüberlegungen 43
   Was gehört zu einem guten Corporate Design? 44
Schritt 4: Finde deine Stimme 52
   Was leistet eine Stimme? 53
   Wie findest du deine Stimme? 53
Schritt 5: Werde sichtbar 61
   Was kannst du von dir zeigen? 70

Wie funktioniert dieses Buch?

Du hast zwei Möglichkeiten, dieses Buch zu benutzen: Entweder du liest es einfach durch und legst es danach weg, oder du arbeitest die erklärten Schritte tatsächlich durch.

In dieser gedruckten Version gibt es einerseits die Möglichkeit, die Aufgaben und Fragen direkt auf dem Papier zu beantworten. Andererseits steht dir unter der URL, die du am Ende des Buches auf Seite 76 findest, auch ein Bereich mit ausdruckbaren Arbeitsblättern zur Verfügung.

Aus Gründen der Online-Vorschau wird an dieser Stelle darauf verzichtet, die URL und das Passwort zu nennen.

Schritt 1: Der Blick auf dich selbst

Bevor die Welt erfährt, wer du bist und warum es sich lohnt, deinen Namen im Gedächtnis zu behalten, solltest du selbst wissen, was dich ausmacht und wo deine Stärken oder Schwächen liegen. Deshalb konzentrieren wir uns im ersten Schritt ganz auf dich und deine Fähigkeiten.

Bei Werbung im Allgemeinen und beim Branding im Speziellen ist Authentizität das Allerwichtigste. Menschen kaufen am liebsten von anderen Menschen, denen sie vertrauen können. So minimieren sie die Wahrscheinlichkeit, enttäuscht zu werden. Um aber authentisch zu handeln und sich auch so präsentieren zu können, musst du dich selbst gut kennen. Damit meine ich mehr als dass du weißt, was dein Lieblingsbuch ist oder dass du heute Morgen Müsli gefrühstückt hast, wie du deinen Instagram-Followern weismachen willst (Instagram ist ein soziales Netzwerk, in dem Fotos geteilt werden, falls du das nicht wusstest. Übrigens eine sehr stark wachsende Plattform, die man gerne im Auge behalten sollte).

Im Kontext mit Unternehmen spricht man beim Branding von der „Mission" und der „Vision", und das wollen wir mal für uns adaptieren.

Deine Mission

Die Mission ist das, was dich antreibt. Deine Aufgabe im Leben, dein „Warum" beim Schreiben.

Du willst Menschen unterhalten? Warum gehst du dann nicht zum Radio, drehst Filme oder wirst Stand-Up-Comedian, statt zu schreiben? Was ist es, das das Schreiben für dich zum Mittel der Wahl macht? Was ist deine Mission beim Schreiben?

Das brauchst du jetzt noch nicht zu beantworten, wir kommen am Ende des Kapitels darauf zurück.

Deine Mission ist deine Antriebskraft. Vielleicht möchtest du bestimmte Gefühle bei deinen Lesern auslösen oder sie auf eine Reise in eine völlig neue Welt entführen. Die Mission ist dein WARUM.

Deine Vision

Während die Mission etwas ist, das du nach außen kommunizieren kannst (beispielsweise in Form von

Interviews, auf deiner Autorenwebseite oder mit deinem Slogan), ist die Vision eine interne Zielvereinbarung mit dir selbst. Was willst du mit dem Schreiben erreichen? Meistens stehen hier Faktoren, die dich direkt betreffen, häufig auch finanzielle Ziele.

Willst du Deutschlands erfolgreichste Verlagsautorin werden? Meistgekaufter Self Publisher? Vom Schreiben leben?

Natürlich kannst du jetzt argumentieren, dass es darauf ankommt, sich auf den Leser zu konzentrieren und dass man sich nicht als Ziel setzen sollte, Bestsellerautor zu werden. Dem widerspreche ich hier. In deiner Mission ist genug Platz, um diese Faktoren zu berücksichtigen. Wenn du tatsächlich mit deinen Büchern ausschließlich anderen Menschen ein Lächeln auf die Lippen zaubern willst, dann verschenke sie! So erreichst du viel mehr Menschen und kannst deine Mission viel besser umsetzen.

Wenn du aber auch davon leben willst, dann muss das irgendwo definiert sein.

Bevor es daran geht, deine Mission und Vision tatsächlich zu formulieren, schauen wir uns zunächst dich als Person an. Erst, wenn du dich selbst gut kennst, weißt du auch, was du willst.

Deine Werte

Was ist dir wichtig?
Daraus ergeben sich Werte, die für dein persönliches Leben ausschlaggebend sind.
Ehrlichkeit? Pünktlichkeit? Zuverlässigkeit?
Falls das Dinge sind, die dir zuerst einfallen, dann ist das zunächst ganz normal. Fragt man eine beliebige Frau, wie ihr Traummann sein solle, kommen immer die gleichen Antworten: Er muss ehrlich und treu sein, humorvoll, man muss sich bei ihm geborgen fühlen können.
Diese Werte sind fast allen Menschen wichtig. Dr. Petra Bock („Mindfuck") nennt diese Dinge, die einem zuerst einfallen, die „Tag-Werte": Natürlich sind dir Ehrlichkeit und vielleicht Sauberkeit wichtig, keine Frage. Was aber, wenn es dunkel wird und niemand mehr so genau hinsieht? Was für Werte sind dir wichtig, auch wenn du sie nicht jedem auf die Nase binden würdest?
Ist es dir wichtig, Erfolg zu haben? Anerkannt zu werden? Möchtest du von deinen Mitmenschen umschwärmt werden? Glaubst du an etwas? Wie wichtig ist

dir deine Arbeit wirklich, wenn du ehrlich zu dir selbst bist, und an welcher Stelle steht deine Familie tatsächlich?

Diese Angaben sind einzig und allein für deine Augen bestimmt. Du musst dich vor niemandem rechtfertigen, wenn du feststellst, dass es dir wichtig ist, bejubelt zu werden. Vergiss einengende Gedanken, die dir diesen Wunsch sofort verbieten wollen. Und keine Angst: Du wirst nicht gezwungen, diese „geheimen Werte" öffentlich zu machen. Sinn dieser Übung ist, dich selbst besser kennenzulernen. Was davon nach außen getragen wird, legen wir zu einem anderen Zeitpunkt fest. Erst, wenn du weißt, was dir wirklich wichtig ist, kannst du eine klare Meinung haben und selbstsicher auftreten.

Kommen wir also zur ersten Aufgabe: Schreibe in Ruhe zwischen 5 und 10 Dingen auf, die dir in deinem Leben wichtig sind; sowohl Tag- als auch Nacht-Werte.

Du kannst dafür das Arbeitsblatt „*Meine Werte*" benutzen, das im Downloadbereich enthalten ist oder die folgende Seite:

MEINE WERTE

Welche Werte spielen in deinem Leben eine Rolle? Schreibe hier in willkürlicher Reihenfolge zehn Begriffe auf, die du in deinem Leben als wichtig erachtest. Auf der nächsten Seite findest du Begriffe zur Anregung.

Das ist mir im Leben wichtig:

_____

_____

_____

_____

_____

_____

_____

_____

IDEENSAMMLUNG: WERTE

Nachfolgend findest du eine Ansammlung gesellschaftlicher Werte. Sie soll als Inspiration dienen. Frage dich: „Wie wichtig ist ... in meinem Leben?"
Schreibe auf der vorigen Seite die Werte auf, die dir am wichtigsten sind und dich ausmachen.

Abenteuer * Abwechslung * Abwechslung * Akribie * Aktivität * Akzeptanz * Albernheit * Anpassungsfähigkeit * Anstand * Aufgeschlossenheit * Aufopferung * Ausdauer * Ausgeglichenheit * Bedachtsamkeit * Begeisterung * Beharrlichkeit * Beliebtheit * Bescheidenheit * Besonnenheit * Bissigkeit * Brillanz * Charme * Coolness * Dankbarkeit * Demut * Direktheit * Diskretion * Disziplin * Dominanz * Dreistigkeit * Durchsetzungsvermögen * Edelmut * Effizienz * Ehe * Ehrfurcht * Ehrlichkeit * Eifer * Eigenständigkeit * Einfachheit * Einfluss * Einfühlungsvermögen * Einsamkeit * Einsicht * Ekstase * Eleganz * Enthusiasmus * Entschlossenheit * Entspannung * Erfolg * Erfahrung * Ehrgeiz * Erkenntnis * Ernsthaftigkeit * Expertise * Extravaganz * Fairness * Familie * Finanzielle Unabhängigkeit * Freiheit * Fleiß * Fitness * Flexibilität * Fokus * Frechheit * Freizügigkeit * Freude * Freunde * Freundlichkeit * Frieden * Frömmigkeit * Furchtlosigkeit * Gastfreundschaft * Geben * Gehorsam * Gelassenheit * Genauigkeit * Genügsamkeit * Genuss * Gerechtigkeit * Geschicklichkeit * Gemütlichkeit * Geselligkeit * Gewinnen *

Gewohnheit * Glaube * Glaubwürdigkeit * Glück * Gnade * Gott * Großzügigkeit * Gründlichkeit * Harmonie * Hartnäckigkeit * Heiligkeit * Heldentum * Herausforderung * Herkunft * Herzlichkeit * Hingabe * Hoffnung * Höflichkeit * Humor * Hygiene * Inspiration * Integrität * Intelligenz * Intimität * Introversion * Jugendlichkeit * Klarheit * Klugheit * Komfort * Kompetenz * Kongruenz * Kontinuität * Kontrolle * Konzentration * Kreativität * Kritisches Hinterfragen * Leidenschaft * Leistung * Lernen * Liebe * Logik * Loyalität * Macht * Mäßigung * Milde * Mitgefühl * Motivation * Mut * Nächstenliebe * Nähe * Neue Dinge * Neugierde * Offenheit * Optimismus * Ordnung * Organisation * Originalität * Perfektion * Pflichterfüllung * Planung * Pragmatismus * Präzision * Privatsphäre * Professionalität * Pünktlichkeit * Raffinesse * Realismus * Reichtum * Reflektion * Reife * Religion * Respekt * Ruhe * Ruhm * Sauberkeit * Schlauheit * Schönheit * Selbstbeherrschung * Selbstlosigkeit * Selbstvertrauen * Sensitivität * Sexualität * Sicherheit * Sieg * Sittsamkeit * Solidarität * Sorgfalt * Spannung * Sparsamkeit * Spaß * Spiritualität * Spontanität * Stabilität * Strenge * Struktur * Sympathie * Tiefgang * Tradition * Träume * Treue * Tugend * Überfluss * Unabhängigkeit * Unterhaltung * Urteilsfähigkeit * Vernunft * Vertrauen * Vielfalt * Wachstum * Wahrheit * Weisheit * Wissen * Willensstärke * Zielstrebigkeit

Werte priorisieren

Nicht alle Werte sind dir gleich wichtig. Wenn du gerne arbeitest und deine Familie liebst, sind das zwei starke Werte, aber was würdest du im Zweifelsfall bevorzugen? Nimm deinen Wertezettel zur Hand und bringe die Begriffe in deine persönliche Reihenfolge von „das Wichtigste auf der Welt" bis zu „immer noch sehr wichtig, aber …". Falls dir eine der Entscheidungen sehr schwer fällt, frage dich, was du antworten würdest, wenn dir jemand eine Pistole an den Kopf halten würde und du gezwungen wärst, den Werten eine Priorisierung zu geben.

Nimm hierzu entweder Seite 2 des Arbeitsblattes „Meine Werte" zur Hand oder bringe deine benannten Werte auf der nächsten Seite in deine persönliche Reihenfolge:

WERTE PRIORISIEREN

Nachdem du deine Werte aufgeschrieben hast: Bringe sie in deine Reihenfolge! Welcher Wert ist dir der wichtigste in deinem Leben (=1) und bei welchem könntest du am ehesten Kompromisse eingehen?

1) _____

2) _____

3) _____

4) _____

5) _____

6) _____

7) _____

8) _____

9) _____

10 _____

Adjektive

Wir wissen also schon, was dir wichtig ist, aber wer bist du überhaupt? Und wie soll man dich von außen wahrnehmen? Bist du eher ein unnahbarer und kantiger Typ oder Everbody's Darling? Mit welchen Worten soll man dich in Zukunft in Verbindung bringen?

Um dir die Beantwortung dieser Frage zu erleichtern, schlage ich vor, eine Mindmap anzufertigen. Eine Vorlage dazu kannst du ebenfalls dem Anhang entnehmen beziehungsweise dir herunterladen. In kleiner Version findest du ein Beispiel auf der nächsten Seite. Schreibe deinen Namen in die Mitte eines großen Papieres und ziehe einen Kreis darum. Dann schreibe einen Begriff auf, mit dem du in Verbindung gebracht werden willst, beispielsweise „Krimis". Kannst du diesen Begriff konkretisieren? Für welche Art Krimis willst du stehen? Regionalkrimis? Schwedenkrimis? Wenn möglich, mache eine genaue Angabe.

Aber auch Adjektive finden in dieser Auflistung ihren Platz: sympathisch, motivierend, lustig und nahbar sind Worte, mit denen ich verbunden werden will. Wie soll man dich sehen?

Natürlich wird niemand „unsympathisch" hinschreiben oder mit negativen Begriffen assoziiert werden wollen.

Entscheidend ist hier nicht, wie du dich findest, sondern mit welchem Begriff du besonders in Verbindung gebracht werden willst. Es gibt Menschen, denen ist es ziemlich egal, ob man sie für sympathisch hält oder nicht, sie wollen vor allem als intelligent, ehrgeizig oder erfolgreich angesehen werden. Andere wiederum wollen vielleicht unbedingt als „große Schwester" angesehen werden, aber ihnen ist egal, ob man ihre Produkte (also ihre Bücher) für hochwertig hält. Entscheide hier ganz für dich persönlich, wie welche Facetten deiner Persönlichkeit von anderen ganz besonders wahrgenommen werden sollen. **Wenn du eine erste Auflistung vorgenommen hast, umkreise fünf Adjektive, die dich ganz besonders stark ausmachen.**

Eine Mindmap hilft beim Brainstormen deiner Adjektive

Hobbys

Kennst du die „Katzenlady"? Ich wette, sie ist in mehreren Romanen und Filmen schon verwendet worden, ich persönlich kenne sie aus der Zeichentrickserie „Die Simpsons". Die Katzenlady ist eine alleinstehende Frau, die Unmengen an Katzen als Haustiere hat und ständig von ihnen belagert wird. Man erinnert sich leicht an Menschen mit ungewöhnlichen Hobbys. Wenn du also eine kuriose Leidenschaft hast (voltigieren, Fliegenfischen, Aktfotografie oder was auch immer), schreibe sie mit auf die Mindmap.

Du bist einzigartig

Angenommen, du hast aufgeschrieben, dass du für England-Krimis bekannt sein möchtest und man dich als fleißig, leidenschaftlich und psychologisch interessiert ansieht, außerdem sammelst du Eulen in allen Variationen. In dieser Kombination bist du schon jetzt einmalig. Das ist deine Chance! Um sich von der Masse abzuheben, kommt es darauf an, diese Besonderheiten in deiner Kommunikation mit deiner Umwelt hervorzuheben. Wie das geht, werden wir im weiteren Verlauf sehen. Hänge deine Mindmap gut sichtbar dort auf, wo du arbeitest. Sie ist das Kernstück deines Brandings, auf das wir noch einige Mal zurückkommen werden.

Was dich im Werbedschungel von anderen unterscheidet, ist deine Persönlichkeit und das Leben, das du bisher geführt hast. Du hast einen Lebenslauf, den niemand anderes hat, werde dir darüber bewusst! Vielleicht musstest du Schicksale hinnehmen oder hast schon mal ein Wunder erlebt.

Was ist das Besondere an Menschen wie Jane Austen, Michael Jackson oder Diana gewesen? Sicherlich ihre Geschichte: Jane Austen hatte als Frau nicht die Möglichkeit, Bücher zu schreiben und tat es trotzdem. Michael Jackson war für seine Perfektion bekannt, aber auch für seine schlimme Kindheit und den überstrengen Vater. Und wir alle kennen die tragische Todesgeschichte um Lady Di und wissen um ihr vergebliches Streben, die Anerkennung ihrer Schwiegerfamilie zu bekommen.

Was also ist deine Geschichte? Schreibe gern mal deinen Lebenslauf auf, vor allem mit den Erlebnissen, die prägend für dich waren. Was ist aus dir im Laufe der Zeit geworden? Gibt es Eigenschaften von dir, die sich immer wieder gezeigt haben? Gibt es einen roten Faden in deinem Leben oder bist du stolz darauf, dass es gerade keinen gibt? Es geht hier nicht um richtig oder falsch, das kann man gar nicht beurteilen. Es geht darum, was DICH ausmacht und warum du eigentlich du bist.

Wichtig: Wir Menschen neigen dazu, uns besonders an den negativen Ereignissen unseres Lebens aufzuhalten. Was sind Erfolge oder schöne Momente, die du erlebt hast? Wie hast du dich aus einer Krise gekämpft? Diese Erfolgsgeschichten stärken nicht nur dein Selbstbewusstsein, sondern auch deine Marke.

Im Downloadbereich findest du das Arbeitsblatt „Lebenslauf" dafür, es reicht aber auch einfach, dir einen Zettel und einen Stift zu nehmen und dich zu fragen:

Welche Erlebnisse haben mich geprägt?

Was waren die drei größten Niederlagen in meinem Leben?

Was waren die drei bis fünf größten Erfolge in meinem Leben?

FORMULIERE DEINE MISSION UND VISION

Wenn du ein klares Bild von dem hast, was du bist und was du werden willst, dann ist es Zeit, deine Mission zu formulieren:

Was willst du mit deinen Büchern bewirken?

Schreibe es jetzt auf.

Meine Mission als Autor/in ist,

_____

_____

Für dich selbst kannst du nun auch eine Vision aufschreiben:
Was sind deine Ziele beim Schreiben?
Wie willst du von deiner Umwelt wahrgenommen werden?

Meine Vision als Autor/in ist,

_____

_____

Hier mal ein Beispiel für eine Mission und eine Vision:

Mission:
Es ist meine Mission, meinen Leserinnen Mut zu ma-

chen und sie zu inspirieren, ihre Ängste zu überwinden und ihr Leben in die Hand zu nehmen.

Vision:
Ich möchte jeden Monat rund 3000 Bücher verkaufen und vom Schreiben leben können. Man soll mich als inspirierend, nahbar und hilfsbereit wahrnehmen.

Schritt 2: Der Blick auf dein Gegenüber

Jetzt, da du weißt, wer du bist und was dich ausmacht, stellt sich die Frage: Wen soll das interessieren?

Kennst du die Geschichte vom schwedischen Schachspieler Magnus Carlsen? Als Teenager sollte er gegen Garri Kasparow eine Partie Schnellschach spielen. Kasparow, ein nach außen hin recht selbstgefälliger und arroganter Typ, der zu diesem Zeitpunkt (2004) mit großem Abstand die Weltrangliste der Schachspieler anführte, ließ Magnus warten. Irgendwann tauchte er auf, spielte mit Magnus und der Dreizehnjährige erzielte ein Remis in der ersten Partie, was eine extrem bewundernswerte Leistung ist. Der kleine Magnus Carlsen hatte dem großen Schachweltmeister Kasparow die Stirn geboten (und wurde später selbst Weltmeister).

Wenn dich Schach interessiert, dann kennst du diese Begebenheit, denn jedem Schachspieler, den ich kenne, sind diese beiden Männer ein Begriff. Sie haben alles, was es braucht, um ein gutes Branding aufzustellen: Man kann sie einordnen, mit Adjektiven belegen, und beide haben einen sogar einen interessanten Lebenslauf, der dazu dienen kann, eine tolle Geschichte zu erzählen. Dennoch kennst du Magnus eventuell nicht, wenn dich Schach so interessiert wie Bohnensuppe.

Aber das kümmert Magnus nicht. Es ist ihm sogar völlig egal, ob du ihn kennst oder nicht, oder wie du ihn findest, denn **du bist nicht seine Zielgruppe**. Das ist ein sehr wichtiger Punkt, weshalb ich ihn gerne noch einmal für dich wiederhole: Kümmere dich nur um deine Zielgruppe, nicht um die anderen.

„Wer alle anspricht, spricht niemanden an" lautet daher eine Marketingregel. Man muss spezifisch sein. Oder anders gesagt:

Du kannst nicht jedem gefallen

Angenommen, du würdest Magnus auf der Straße treffen und ihr kommt ins Gespräch. Er erzählt dir, dass er Schach liebt, du interessierst dich aber überhaupt nicht dafür.
Was würde Magnus tun? Er könnte versuchen, dir aufzuzeigen, was Schach für ihn bedeutet, sodass dein Interesse vielleicht doch geweckt wird. Vielleicht wird er

aber auch das Thema wechseln und schauen, ob ihr auf einem anderen Themengebiet Gemeinsamkeiten habt. Ganz sicher würde er aber weder versuchen, dich zu überreden, eine Partie mit ihm zu spielen, noch würde er dir zustimmen und sagen, dass Schach eigentlich auch wirklich etwas langweilig ist. Nein, ich bin mir sicher, er würde seine Meinung nicht anpassen, nur weil du es doof findest, was er tut.

Nimm dir daran ruhig ein Beispiel: Du kannst es nicht jedem recht machen, auch wenn du es dir manchmal wünschst. Wichtig ist, dass die Menschen auf dich aufmerksam werden, die auch deiner Zielgruppe entsprechen. Nur auf die solltest du dich konzentrieren.

Du wirst immer wieder auf Menschen treffen, die dir vorschlagen, dieses oder jenes zu tun oder zu lassen. Je bekannter du wirst, desto mehr Ratschläge bekommst du. Hör dir die Tipps von Außenstehenden gerne an, wäge ab, ob sie 1) zu dir und 2) zu deiner Zielgruppe passen und entscheide dann im Einklang mit deinen oben definierten Werten. So hast du nie wieder Bauchschmerzen bei einer Entscheidung.

Wer ist deine Zielgruppe?

Deine Zielgruppe sind eigentlich drei Gruppen und alle drei werden unterschiedlich behandelt:
- Leser deiner Bücher (auch potenzielle)
- Einflussnehmer (Influencer)
- Unterstützer

Während deiner Tätigkeit als Autor und Vermarkter versuchst du im Grunde, die Leser und Influencer für dich zu gewinnen, sodass sie zu deinen Unterstützern werden, die daran interessiert sind, dass du deine Mission erfüllen kannst (von der Vision wissen sie oft nichts, da das ja ein Ziel ist, das du für dich persönlich festlegst).

LESER

Deine „Hauptziele" sind und bleiben die Leser. Leser entscheiden, ob ein Buch gut oder schlecht ist, wie teuer Bücher sein dürfen und wann ein Buch ein tolles Cover hat und wann nicht.

Es lohnt sich also, einige Denkarbeit dahingehend zu investieren, wie deine Zielgruppe genau aussieht. Schreibst du eher für Frauen oder für Männer? Wie alt sind deine Leser im Schnitt? Welcher Gesellschaftsschicht gehören sie an, was treibt sie an, welche Probleme haben sie zu lösen? Welche Schulbildung haben sie und, ganz wichtig: Wie stehen sie zu den Werten, die du in Kapitel 1 als für dich wichtig erachtet hast?

Es muss nicht so sein, dass deine Leser mit all deinen Werten übereinstimmen, insbesondere, wenn es polarisierende Themen wie Politik oder Religion sind. Aber du kennst ja das Sprichwort „Gleich und gleich gesellt sich gern". Wer also erkennt, dass du für Dinge stehst, die er gut findet, der wird dich finden und bei dir bleiben.

Wenn du weißt, mit wem du eigentlich sprechen willst, wird es dir später leichter fallen, deine Texte zu formulieren und so zu handeln, dass du die Menschen ansprichst, die bereits auf dich warten. Wir kommen am Ende des Kapitels darauf zurück.

INFLUENCER

Es gibt in jeder Branche Einflussnehmer: Menschen,

denen viele zuhören. Gerade in der Vergangenheit hat es einen riesigen Zuwachs an Influencern im Internet gegeben. Es gibt Personen, beispielsweise bei YouTube, denen eine Million Menschen folgen. Gut, an diese Leute kommt man im realen Leben kaum heran, aber man sollte sich darüber bewusst sein, dass es sie gibt. Erfolgreiche Blogger versammeln monatlich hunderttausend Menschen auf ihren Seiten. Man kann sich vorstellen, dass es einen großen Effekt haben kann, wenn das eigene Buch von einem solchen Influencer empfohlen wird.

Oder verrissen. Ein gut geschriebenes und gemachtes Buch setze ich an dieser Stelle voraus.

Leider ist das mit den Influencern kein neues Geheimnis, und Unternehmen haben schon längst die Möglichkeit für sich entdeckt, Produkte von Bloggern oder anderen Persönlichkeiten präsentieren zu lassen. Es gibt sogar einen eigenen Begriff dafür: *Inflencer Marketing.* Das ist auch der Grund, warum so viele Prominente Werbung machen. Wir Konsumenten trauen ihnen mehr als dem Unternehmen, auch wenn viele jetzt den Kopf schütteln. Unterbewusst denken wir, wir „kennen" diese Menschen – denn sie sind uns durch Funk und Fernsehen ja bekannt – und schon will unser Unterbewusstsein ihnen mehr vertrauen als einem namenlosen Unternehmen.

Menschen kaufen von Menschen, nicht vergessen! Wenn uns jemand bekannt ist, was bei Einflusspersonen der Fall ist, dann vertrauen wir darauf, dass er Produkt XY tatsächlich aus gutem Gewissen empfiehlt – denn wenn es „nur Werbung" ist, mutmaßen wir, dass das Produkt möglicherweise gar nicht hält, was es verspricht, und man uns nur mit schönen Sätzen zu einem Kauf überreden will. Wenn ein Influencer seine ehrliche Meinung vertritt (und wir erkennen es meistens daran, dass er Produkte auch mal kritisiert und nicht jedem nach dem Mund redet), dann glauben wir ihm, dass seine Empfehlungen uns tatsächlich helfen können.

UNTERSTÜTZER

Letztlich ist es dein langfristiges Ziel, Leser und Influencer zu deinen Unterstützern zu machen. Du bringst schon jetzt welche mit: Vielleicht unterstützen dich deine Eltern, deine Familie, Freunde oder Arbeitskollegen und ermutigen dich, weiterhin zu schreiben, wenn du mal in einem Motivationsloch bist. Du hast ein neues Buch geschrieben? Deine Unterstützer verbreiten die Neuigkeit in ihrem Umfeld. Du machst ein Gewinnspiel? Deine Unterstützer werden dir Teilnehmer besorgen und selbst teilnehmen. Je mehr Unterstützer du hast, desto leichter wird es dir fallen, deine Bücher zu verkaufen. Man sagt als Faustregel, ab 1000 echten Fans (= loyalen Unterstützern) kannst du von dem leben, was du produzierst. Bücher, in unserem Fall. Wenn du eintausend Menschen hast, die deine Bücher kaufen, sobald sie rauskommen, reicht das, um wochenlang die Amazon-Charts zu stürmen.

Diese Menschen sind das, was gemeinhin als „Community" bezeichnet wird. Je mehr Leser und Influencer du für dich gewinnst, desto einfacher ist es, im Online Business Erfolg zu haben. Ich sagte das bereits, aber da es wichtig ist, wollte ich das noch einmal wiederholen. Mehr Fans, mehr Erfolg.

Wie werden deine Leser und Influencer zu Unterstützern?

Wenn man es sich leicht machen will, sagt man: Du bekommst Unterstützer, indem du deine Leser und

Influencer begeisterst. Leider ist das ein Rezept ohne Anleitung. Wie begeistert man denn seine Leser? Insbesondere im belletristischen Bereich ist das sehr schwierig zu sagen und kaum vorherzusehen. Überzeugen können hier dein Stil, deine Buchidee und deine Marke. Vor deiner ersten Veröffentlichung ist das allerdings sehr schwierig zu beurteilen.

Bei Sachbüchern sind die meisten Leser schnell begeistert, wenn ihnen eine Lösung für ein dringendes Problem präsentiert wird, am besten noch auf eine professionelle, aber unterhaltsame Art und Weise. Bei Romanen hingegen klaffen die Ansprüche, Geschmäcker und Vorlieben so weit auseinander, dass sich hier die Katze in den Schwanz beißt: Meiner Erfahrung nach begeistern am meisten die Autorinnen und Autoren, die rigoros ihren Weg gehen – was nichts anderes bedeutet als dass man weiß, wofür sie stehen, welche Werte sie haben und woran man bei ihnen ist. Und das klingt doch ganz nach dem, was wir im ersten Schritt schon herausgefunden haben.

Interessanterweise kann man also sagen, dass du die meisten Unterstützer erhalten wirst, wenn du zu einer Marke wirst (also greifbar, authentisch und zuverlässig). Je besser du weißt, mit wem du da draußen überhaupt kommunizierst, desto einfacher wird es dir fallen, ganz du selbst zu sein und desto eher wirst du merken, welche Art Menschen du eigentlich ansprechen willst.

FORMULIERE DEINE ZIELPERSON

Meine Erfahrung zeigt, dass man viel authentischer formuliert, wenn man sich vorstellt, an eine einzige Person zu schreiben, statt an eine Masse Menschen, wie es beispielsweise in sozialen Netzwerken der Fall ist. Ich persönlich schreibe meine Newsletter-Texte daher so, als würde ich meiner Schwester oder Freundin eine E-Mail schreiben, denn dann klinge ich so, wie ich tatsächlich bin. Sobald ich mir vorstelle, dass ich jetzt einen „offiziellen Text" schreiben muss, klingt er nicht mehr nach mir. Mehr dazu besprechen wir in Schritt 4.
Überlege dir also, wen du dir vorstellen kannst, wenn du Texte formulierst, deine Webseite mit Material füllst und deine Marke aufbaust. Vielleicht kreierst du eine ganz eigene Zielperson, gibst ihr einen Namen und schreibst ausschließlich für sie?

Formuliere deine Zielgruppe als nächsten Schritt! Du kannst dazu das Arbeitsblatt „Zielgruppe" benutzen oder direkt hier ins Buch schreiben:

Für Belletristik

Geschlecht des Lesers: ☐ männlich ☐ weiblich

Alter: _____

Gesellschaftsschicht: _____

Lieblingsautor/in (meistens vom Genre mit deinen Büchern vergleichbar): _____

Lieblingsbuch: _____

Wo findest du ihn/sie? Wie wirst du auf sie aufmerksam? (Online/offline)_

1) _____
2) _____
3) _____

Warum liest er/sie dieses Genre?

_____
_____
_____

Was erwartet er/sie von dir?

_____
_____
_____

Warum würde ihm/ihr dein Buch gefallen?

_____
_____
_____

Für Sachbuch oder Ratgeber:

Geschlecht des Lesers: ☐ männlich ☐ weiblich

Alter: _____

Gesellschaftsschicht: _____

Wie und wo lebt er/sie?

_____

_____

_____

Haushaltseinkommen: _____ Euro/Monat

Beruf: _____

Welche Ziele hat er/sie?

1) _____
2) _____
3) _____
4)

Welche Hindernisse hat er/sie dabei?

_____

_____

_____

Wovor hat er/sie Angst?

_____

_____

Was will er/sie in seinem/ihrem Leben verändern?

_____

Wo findest du ihn/sie? Wie wirst du auf sie aufmerksam? (Online/offline)_

1) _____
2) _____
3) _____

Weitere Notizen, je spezieller, desto besser:

Schritt 3: Dein „Corporate Design"

Corporate Design fasst das zusammen, was dich als Marke visuell darstellt: Logos, Farben, Schriftarten, Sprache, Slogan, dein Stil. Das goldene „M" von McDonald's gehört genau so zum Corporate Design wie die roten Tabletts, auf denen die Burger serviert werden. Da man alleine über das Thema „Corporate Design" ganze Bücher füllen kann (und es auch tut), werde ich mich im Folgenden auf die Basics beschränken.

Oberste Regel: **Profis lassen nur Profis ran.** Wenn du selbst nicht gerade zufällig Mediengestalter oder Corporate-Design-Entwickler bist, dann ist professionelles Design ein Faktor, in den ich mein Geld investieren würde. Besonders, wenn es dir wichtig ist, als jemand wahrgenommen zu werden, der gute (= qualitativ hochwertige) Arbeit leistet.

Was macht gutes Corporate Design aus?

Fünf Dinge solltest du beachten, wenn du dich als Marke aufbauen willst und dafür ein einheitliches Design benutzt:

Harmonie
Ob beim Logo, bei deinen Buchcovern oder bei der Gestaltung deiner Webseite: wenn die Objekte harmonisch zueinander ausgerichtet werden, gibt das einen aufgeräumten und professionellen Eindruck. Natürlich kann auch gerade der Bruch mit dieser gewollten Ordnung zu deinem Markenzeichen werden. Wie immer gilt: Man sollte die Regeln kennen und anwenden können, bevor man sie vorsätzlich bricht (das sagt man übrigens auch vom Schreiben). Weniger ist oft mehr, also lieber auf Schnörkel in Wort und Schrift verzichten, außer es repräsentiert dich ideal.

Zeitlosigkeit
Vermutlich wirst du zu Beginn viel experimentieren: Mit Farben, Formen, Entwürfen, Ideen, und so weiter. Du tust allerdings gut daran, diese Entwürfe nicht alle öffentlich zu machen, denn es kann schnell der Eindruck erweckt werden, dass du noch nicht genau weißt, wie du eigentlich wahrgenommen werden willst – oder schlimmer: dass du selbst noch nicht weißt, wofür du eigentlich stehst. Es ist überhaupt nicht schlimm, wenn

du etwas an deiner Marke änderst, aber diese Änderungen sollten immer gut begründet sein und sich nicht häufen. Ein gutes Corporate Design erkennt man daran, dass es zeitlos ist und nicht ständig geändert wird.

Skalierbarkeit
Wenn du dich dazu entschließt, ein Logo zu kreieren oder in Auftrag zu geben, dann achte darauf, dass es auch in kleiner Darstellung gut lesbar ist und in großer Auflösung nicht pixelig wirkt. Das sollte zwar selbstverständlich sein, ist es aber nicht.

Authentischer Stil
Muss ich zu diesem Punkt etwas sagen? DU solltest in deinem Corporate Design auf jeden Fall sichtbar werden. Das heißt nun nicht, dass du unbedingt dein Gesicht als Logo etablieren musst, aber es wäre eine Möglichkeit. Zum Logo kommen wir aber gleich noch. Bleiben wir zunächst beim Stil: Wenn du ein „typisches Mädchen" bist, das verschnörkelte Schriften liebt, den Scrapbook-Vintage-Style liebt und alles haben muss, was Rosa ist und glitzert, dann sollte deine Außenwirkung nicht mit dunklen Farben kommuniziert werden.
Das Problem dabei: Manchmal passen deine Bücher und du vielleicht nicht so zusammen wie du es willst.

Liebst du zum Beispiel Rosa und schreibst Thriller, lässt sich das nicht so einfach vereinbaren wie der Fall, wenn du Rosa liebst und Liebesromane schreibst. Im Zweifelsfall gilt: Eine Dachmarke (DICH als Person) aufbauen und den Thriller als Produkt vermarkten. So wird beispielsweise ein 7er BMW anders vermarktet als ein MINI, aber beide gehören zur „Dachmarke" BMW.

Individualität
Das Endergebnis aus Farbwahl, Logo, Stil, Schriftart, Slogan und deiner Stimme sollte so individuell sein wie du und dich bestmöglich nach außen darstellen, wie du tatsächlich bist, mit großem Schwerpunkt auf dem, wie du wahrgenommen werden willst. „Individuell" heißt hierbei nicht, dass du für jedes Buch ein neues Logo kreieren sollst, sondern dass dein Corporate Design auf dich maßgeschneidert sein sollte, damit es so individuell ist wie du.

Zum Thema Logo und Slogan

Es gibt Autoren, die ein eigenes Logo haben, aber derer sind nicht viele. Das Logo wird im Corporate Design eher mit Unternehmen in Verbindung gebracht (jedes

Unternehmen hat ein Logo, ist dir das schon mal aufgefallen?).

Wie könnte als ein Logo für Autoren aussehen?

Ein Beispiel von Corporate Design mit Logo stellt Anne Freytag mit ihrem Label „Freytag Literatur" dar. Die Cover ihrer Bücher bekommen alle das gleiche Logo, obwohl „Freytag Literatur" kein Verlag ist. Sie sorgt so aber für eine einheitliche Darstellung ihrer Bücher, die mit ihrem Nachnamen verknüpft und somit eng mit ihr als Person verbunden sind.

Eine Bitte in eigener Sache: Logos mit Stiften, Zetteln oder einer Schreibfeder sind genau so individuell wie der Familienname „Chang" in China. Lass einen Profi ran, wenn du ein gutes Logo willst.

Gleiches gilt für das Thema „Slogan". Als Liebesromanautor fällt dir sicherlich zuerst so etwas ein wie „Geschichten fürs Herz" oder „Geschichten, die das Herz berühren". Einen richtig guten Slogan zu finden, kostet viele Nerven und erfordert ein immenses Maß an Kreativität. Lass dir auch hier helfen, wenn du selbst keine guten Ideen hast.

Übrigens: Weder ein Logo noch ein Slogan sind für

Schriftsteller kriegsentscheidend. Diese beiden Elemente können dich von anderen Autoren abheben, aber auch ohne Logo und Slogan kannst du eine gute Marke aufbauen. Die meisten Autoren nehmen ihren eigenen Namen (bzw. ihr Pseudonym) als Logo.

Vorüberlegungen

Es ist ein Prozess, seinen Stil zu finden und ihm in Form eines Designs Ausdruck zu verleihen. Folgende Gedankenimpulse sollen dir Mut machen und dir auf deinem Weg helfen:

- Nimm die Adjektive der Mindmap zur Hand, die du in Schritt 1 aufgeschrieben hast. Welche Art Designs fallen dir dazu ein?
- Lass dich inspirieren! Suche dir Personen und Unternehmen, mit denen du dich identifizieren kannst und recherchiere, wie sie Farben kombinieren, wie sie ihren Stil kommunizieren und was sie machen, um ein bestimmtes Bild von sich zu transportieren. Beschränke dich dabei nicht auf Autoren, sondern wage den Blick über den Tellerrand!
- Du wirst nur deinen Stil finden, wenn du mit Version 1 anfängst. Es bringt nichts, wochenlang nach-

zudenken, ob du lieber die Farbe „Eierschale" oder „Champagner" nutzen solltest – probiere eine Variante aus und überlege zwei bis drei Wochen lang, ob du damit leben könntest, wenn es diese Farbe wird. „Learning by doing" lautet das Motto: Beginne mit dem ersten Schritt.

Was gehört zu einem guten Corporate Design?

Ein Bild oder Logo
Wenn du stolzer Besitzer einer Spiegelreflexkamera bist oder jemanden kennst, der eine hat und damit umgehen kann, dann verabrede dich an einem schönen aber nicht zu sonnigen Tag für ein Fotoshooting. Ein Autorenfoto (im folgenden „dein Bild" genannt) sorgt für einen hohen Wiedererkennungswert und sollte überall, wo es möglich ist, benutzt werden. Wenn du ein Logo hast, sollte auch das überall auftauchen. Im Zweifelsfall würde ich dir raten, auf sozialen Kanälen dein Bild zu benutzen und im Schriftverkehr dein Logo.

Einheitlicher Auftritt
Alle so genannten „Kontaktpunkte" sollten einheitlich

sein. Das bedeutet, dass Leser, Interessierte, Influencer, Unterstützer oder andere Personen an allen Endstellen deiner Kommunikation das gleiche Foto geboten bekommen sollten: Egal, ob man deine Webseite aufruft, deine Facebookseite, dein Amazon-Autorenprofil, ggf. andere Seiten, auf denen du vorgestellt wirst, egal, ob jemand eine Visitenkarte von dir erhält oder du eine Rechnung schreibst. Immer, wenn jemand mit dir in Kontakt kommt, sollte er das gleiche Foto oder Logo (siehe oben) geboten bekommen.

In der Praxis sieht das meistens so aus, dass du dein Autorenfoto auf deiner Facebookseite, deiner Webseite und als „Pressebild" hast, während auf deinem halbwegs-privaten Facebookprofil ein anderes Bild von dir ist. So kann ein Interessent mit nur einem Blick sehen, was deine offizielle Präsenz ist (jene mit dem Profifoto nämlich) und welches dein Profil ist.

Eine Ausnahme herrscht, wenn du es selbst einmal zum Influencer gebracht hast und man dich schon so gut kennt, dass du kein Logo oder Autorenfoto mehr brauchst, um erkannt zu werden. Solltest du mal so berühmt werden, kann es dir egal sein, welches Foto aktuell als Pressefoto rausgeht, da man dich so oder so wiedererkennen wird.

Farbwahl

Welche Farben passen zu dir? Zumeist denkst du da vermutlich in erster Linie an deine Lieblingsfarbe. Es gibt zahlreiche Studien über angebliche Auswirkungen verschiedener Farben auf den Menschen, weshalb McDonald's beispielsweise nach und nach den markanten roten Hintergrund des Ms gegen einen („gesunden") grünen austauscht. Man erhofft sich, dass die Marke weniger mit ungesundem Essen in Verbindung gebracht wird, sondern fit und frisch wirkt. Mit Coca Cola Life hat die Marketingabteilung genau das Gleiche probiert und den roten gegen einen grünen Hintergrund getauscht. Leider hat das bei ihnen zu einem Shitstorm geführt, da die Verbraucher sich vom Marketing hinters Licht geführt fühlten.

Merke also: Authentizität ist das Wichtigste! Sobald Kunden (Leser, Verbraucher, …) das Gefühl haben, dass du nicht mehr ehrlich zu ihnen bist, werden sie dir den Rücken kehren.

Ich empfehle dir, ausgiebig mit Farbkombinationen herumzuspielen. Die Firma Adobe bietet unter *colour.adobe.com* ein passendes Tool dafür an. Auch auf Pinterest finden man etliche Farbkombinationen, die zur Inspiration dienen können, und eine Google-Suche schadet ebenfalls nicht.

Tipp: Speichere dir deine Wunschfarben ab. Wenn du ein Bildbearbeitungsprogramm hast, finde heraus, wie die Farbe definiert ist (beispielsweise über die RGB-Werte, das steht für Rot-Gelb-Grün, und/oder den Hexadezimalcode). So kannst du dir sicher sein, dass sowohl auf deiner Webseite als auch auf Facebook, Twitter, Instagram und allen anderen digitalen Präsenzen die gleichen Farben verwendet werden.

Hinweis zur Farbauswahl

Es gibt übrigens einen Unterschied zwischen „Online-Farben" und „Offline-Farben". Alle Farben, die digital über einen Bildschirm angezeigt werden, werden als RGB-Farben definiert (wobei, wie eben erwähnt, RGB für Rot, Gelb und Blau steht). Farben, die gedruckt werden, nennt man CMYK (Cyan, Magenta, Yellow und Key). Vereinfacht gesagt: RGB-Farben imitieren Farbe nur, während CMYK-Farben tatsächliche Farben sind. Wichtig für dich ist nur zu wissen, dass es beim Drucken von Bildern und Fotos, die im RGB-Farbprofil angelegt sind, zu farblichen Unterschieden kommen kann.

Wenn du dir unsicher bist oder dieses Thema völliges Neuland ist, dann setz dich mal mit einem Mediengestalter oder Designer zusammen und suche mit ihm zusammen ein Farbsystem heraus, zu dem es eine RGB- und eine CMYK-Entsprechung gibt.

Wie viele Farben sollte man kombinieren?
Generell sagt man, dass du maximal zwei kräftige Farben mit zwei neutralen Farben kombinieren solltest. Bei meinem Blog „Vom Schreiben leben" sind das beispielsweise ein Mintgrün und ein kräftiges Pink in Kombination mit Schwarz und Weiß.

Aber es ist DEINE Marke. Wenn du gerne siebzehn Farben willst, dann mach es. Zwei Farben lassen sich aber leichter merken und der Wiedererkennungswert ist höher.

Schriftart
Wie oben bereits erwähnt, sollte die Schriftart deine Persönlichkeit und deine Marke widerspiegeln. Romantisch veranlagte Menschen mögen geschwungene Schriften meistens lieber als dicke, plump wirkende. Anderer-

seits können viele Menschen Schnörkelschriften nichts abgewinnen. Auch hier kannst du dich nicht nur von anderen Autoren sondern auch von verfügbaren Schriftarten inspirieren lassen. Achte aber unbedingt darauf, dass die Schrift kommerziell nutzbar ist! Ich finde meine Schriften entweder auf *Fontsquirrel* oder ich nutze die Google-Schriften (*google.com/fonts*), was den Vorteil hat, dass sie in fast alle Wordpress-Themes integrierbar sind.

Markanter Stil
Was haben die meisten Webseiten von Schreibanfängern gemein? Sie nutzen als Wordpress-Theme meistens etwas, das mit dem Schreiben zu tun hat (Papier/Papyrus, Stifte, Federkiele, Federn, Tintenfass, ...), statt sich einen eigenen Stil anzueignen. Ich habe das selbst ebenfalls getan, denn der erste Gedanke bei mir war: „Man soll sofort erkennen, dass ich etwas mit dem Schreiben zu tun habe."

Wie machen es aber die bereits erfolgreichen Autorinnen und Autoren?
Sie erwähnen entweder im Seitentitel, was sie machen („Poppy J. Anderson - Liebesromane mit Humor und Herz") oder man erkennt es an der Aufmachung der Seite (z. B. wie bei Sebastian Fitzek).

Jeder Stil entwickelt sich über die Zeit weiter. Arbeite mit dem, was du jetzt bereits kennst: Du weißt, ob du lieber schlichte Designs magst oder üppige, ob Schnörkel oder geradlinig und ob dunkel oder hell. Vielleicht gibt es etwas aus Schritt 1, das du besonders hervorstellen willst? Die Autorin Adriana Popescu beispielsweise trägt fast immer einen Hut und macht das zu ihrem Erkennungszeichen.

Dieses Mal dauert die Umsetzung des Schrittes sicherlich länger, aber es lohnt sich (und macht Spaß!), hier eine Menge Energie reinzustecken. Das Arbeitsblatt „Corporate Design" dient hier lediglich als Gedankenstütze. Ich empfehle dir, deine Ergebnisse in einem eigenen Ordner oder Notizbuch zu verwahren.

Diese Checkliste dient als Gedankenstütze bei der Entwicklung deines eigenen Designs! Ergänze sie gerne um eigene Punkte.

☐ Grafikdesigner oder Mediengestalter suchen
☐ Folgende Adjektive sollen mit meinem Design assoziiert werden:

_____

_____

_____

_____

- ☐ Ein hübsches, professionelles Foto von mir machen lassen
- ☐ Ggf. ein Logo in Auftrag geben
- ☐ Farbkombinationen suchen, die mir gefallen. Meine ausgesuchten Farben haben folgende RGB-Werte oder Hexa-Codes:

_____

_____

_____

_____

- ☐ Meine Schriftart(en) heißt/heißen wie folgt:

_____

_____

- ☐ Mein Erkennungszeichen ist:

_____

_____

Schritt 4: Finde deine Stimme

Was ist deine „eigene Stimme"?

Wenn im Folgenden von deiner „Stimme" die Rede ist, dann meint das weder das Organ mit dem du sprichst, noch die „Erzählstimme" in deinen Romanen.

Deine Stimme repräsentiert die Art, wie du die Welt siehst. Durch sie weiß man, wie du lebst, welche Meinungen und Ansichten du hast und was dein Credo ist.
Deine Stimme bestimmt, wie du schreibst und worauf man sich bei deinen Romanen freuen kann.

Deine Stimme ist die Art und Weise, wie du sprichst, wie du deine Gedanken formulierst, wie du deine Webseitentexte schreibst und auch, welche Meinung du vertrittst – falls du eine vertrittst (was ich dir sehr raten würde, denn gerade charakterstarke Menschen mit einer klaren Meinung werden beachtet!).

Deine Stimme findet sich unterschwellig in deinen Romanen wieder, aber nicht so präsent wie außerhalb deiner Romane, denn schließlich hat jede Geschichte, die du erzählst, eine eigene Stimme.

Anders ist das bei Sachbuchautoren: Hier sollte sich deine Stimme sehr deutlich wiederspiegeln!

Was leistet eine Stimme?

So wie mit deinem allgegenwärtigen Design, ist es auch mit deiner unverwechselbaren Stimme dein Ziel, an allen Kontaktpunkten mit Lesern, Influencern, Unterstützern und anderen Dritten gleich zu klingen und deine Marke zu repräsentieren.

Wie aber findest du deine eigene Stimme?

Es gibt kein Patentrezept, mit dem du in X Schritten deine Stimme findest. Sie entwickelt sich über einen langen Zeitraum, genau so wie deine Persönlichkeit – beides gehört unmittelbar zusammen! Wenn du ein schüchterner, eigentlich introvertierter Mensch bist, dann wirst du vermutlich keine dreckigen Witze reißen

wollen, zumindest nicht im öffentlichen Internet. Bist du eine Rampensau, dann wären deine Fans womöglich sogar traurig, wenn du keine dreckigen Witze reißt.
Es liegt ganz bei dir!

Natürlich möchte ich dir dennoch fünf Möglichkeiten aufzeigen, wie du deine eigene Stimme findest:

Schreibe für dich selbst

Gerade eben in Kapitel 2 habe ich noch geschrieben, dass du an deine Zielperson schreiben sollst, jetzt sollst du auf einmal für dich selbst schreiben. Was denn nun? Beides.
Sich in seinen Gegenüber hineinzuversetzen, hat den Vorteil, dass du im Idealfall mit deinen Texten genau seinen Nerv triffst. WIE du es tust, ist allerdings deine eigene Sache. Lass mich dir ein Beispiel geben:
Angenommen, du bist als Leser auf der Suche nach einer neuen Liebesromanautorin und stößt auf die Webseite von „Shannah Milton" (habe ich mir gerade ausgedacht). Dort steht folgender Text:

Hallo lieber Leser, herzlich willkommen auf meiner Internetseite! Ich freue mich, dass du zu mir gefunden hast.
Mein Name ist Shannah und ich schreibe Liebesromane.
Mein Debütroman „Als ich dich liebte: Die Geschichte von

Will und Anna" ist seit dem 1. Oktober bei Amazon erhältlich: (Link).

Solltest du zufällig Shannah Milton heißen, hoffe ich, dass dein Text anders sein wird. Dieser Beispieltext hier oben ist das, was mir zuerst einfällt, wenn ich mir überlege, was auf einer Internetseite stehen könnte. Er ist informativ, man versteht, was ich sagen will, und ich leite meine Leser auch gleich auf mein Buch.

Aber dieser Text ist völlig austauschbar und ohne eigene Stimme geschrieben. Jede Autorin und jeder Autor könnte diesen Text mit dem entsprechenden Buchtitel geschrieben haben.

Wie klingt es also, wenn du ganz persönlich schreibst? Nicht für den Leser, sondern für dich?

Bei mir kommt da dann so etwas bei heraus:

Herzlich willkommen in meinem Wohnzimmer! Wie auch immer du hergefunden hast, ich hoffe, du bleibst ein bisschen. Auf diesen Seiten geht es um Liebe, Lust am Leben und Leidenschaft. Meine Romane nehmen dir den Alltagsballast von den Schultern, meine Videos erheitern dich (hoffentlich) und informieren dich darüber, wie du selbst Schriftsteller werden und welche Stolpersteine du dabei wie umgehen kannst.

Überlege dir also gerne, an wen dein Text adressiert ist, damit du auch das schreibst, was für den anderen interessant ist, aber behalte dabei DEINE Stimme. Es ist durchaus möglich, dass du Spezialitäten wie einen Dialekt oder bestimmte Floskeln nutzt. Die Bloggerin Conni Biesalski („Planet Backpack") verwendet beispielsweise ständig den Begriff „Hell yeah!" und alle Kombinationsmöglichkeiten von „Fuck". Das ist nicht jedermanns Sache – aber es macht ihre Sprache markant und authentisch, da sie auch so spricht.

Extratipp: Nimm Texte auf, statt zu schreiben, oder lies wenigstens im Anschluss laut (!) vor, was du geschrieben hast. So bekommst du ein gutes Gefühl dafür, was tatsächlich von deiner echten Stimme ist und was eher allgemeingültig ist.

Der objektive Blick

Manchmal stehen wir uns ja selbst im Weg. Ich mache das ständig. In solchen Situationen hilft es oft, den eigenen Standort – metaphorisch gesprochen – zu verlassen. So kann man seinen Text so objektiv wie möglich betrachten, vielleicht auch mit Hilfe einer zweiten Person. Diese kann dir, wenn sie dich gut kennt, vielleicht sagen, welche Passagen nicht nach dir klingen, und zusätzlich werden dir Dinge auffallen, die die Person vielleicht nicht versteht, obwohl es für dich selbstverständlich ist.

Erhöhe den Zeitdruck

Die sehr erfolgreiche Autorin Nina George („Das Lavendelzimmer") hat mal einen Bericht verfasst, in dem sie erzählte, wie sie zu ihrer Stimme kam:
Sie hat früher als Journalistin gearbeitet und hatte einen cholerischen Chef, der ihr die Deadlines so eng gesetzt hat, dass sie ihre geschriebenen Texte nicht mehr überarbeiten und „verschönern" konnte. So hat sie gelernt, schon den ersten Entwurf ziemlich qualitativ hochwertig anzufertigen und ihn trotzdem so zu schreiben, wie es gerade in ihr stand. Falls du also zu denjenigen gehörst, die ihre Texte (auch Facebook-Postings, etc.) mehrfach überarbeiten, bevor sie sie online stellen, zwing dich mal, einen Text innerhalb von zwei Minuten zu schreiben und zu veröffentlichen. Natürlich sollst du nichts ins Internet setzen, hinter dem du nicht stehst, aber mit hohem Zeitdruck wirst du gezwungen, den inneren Kritiker mal auszuschalten und deiner eigenen Stimme wieder Raum zu geben. Auch wenn der Kritiker in dir so etwas sagt wie „das ist aber kein schöner Satz". Solange du dich nicht in einer Roman- oder Sachbuchüberarbeitung befindest – dort lohnt es sich durchaus, am Text zu arbeiten und ihn zu verschönern – kannst du das

ignorieren, wenn es dem Finden deiner ganz eigenen Wortwahl dient.

Imitiere andere Stimmen
Was, du sollst jemanden kopieren? Bei jemandem abschreiben?
Ja, ganz genau!
Indem du dir Menschen suchst, die bereits ihre Stimme gefunden haben, und diese imitierst, wirst du merken, was zu dir passt und was nicht. Dabei muss es sich nicht um reale Personen handeln. Du kannst dir Batman, Darth Vader, Hermine Granger oder Justus Jonas von den Drei ??? als Vorbild nehmen. Jeder, den du leicht imitieren kannst, hat eine markante Stimme. Probiere einfach aus, wie es sich anfühlt, mit verschiedenen Stimmen zu schreiben, so näherst du dich Schritt für Schritt deiner eigenen Stimme an.

Übung macht den Meister
Verzweifle nicht, wenn du deine Stimme noch nicht gefunden hast! Es dauert seine Zeit, bis du tatsächlich weißt, wer du bist, wer du sein willst und wie du beides harmonisch miteinander verflochten nach außen trägst. Wichtig ist bloß, dass du weiterhin übst und immer beim Schreiben im Hinterkopf behältst, dass dein obers-

tes Ziel ist, ganz du selbst zu sein. Mache dich davon frei, irgendwelchen Regeln folgen zu wollen! Alles, was in diesem Buch steht, sind Gedankenanregungen, an die du dich halten kannst – oder eben auch nicht.

Noch ein Hinweis: Eine Stimme macht dich (an)greifbar

Erinnerst du dich noch an meine Einleitung, wo ich behauptet habe, dass man Mut braucht, um seine Marke aufzubauen? Allerspätestens wenn du eine gefestigte Meinung hast, für die du einstehst, wirst du diesen Mut beweisen müssen, denn man wird dich angreifen. Eine eigene Stimme polarisiert und inspiriert. Wir sind alles Menschen und wir sind angreifbar, besonders, wenn wir aus einer Masse heraus sichtbar werden. Möglicherweise wirst du von manchen Menschen falsch verstanden (diese Situationen wird es immer geben), andere haben eine andere Ansicht und du gerätst in die Verteidigung.

Auch wenn die Umsetzung des nächsten Tipps nicht ganz einfach ist und ich selbst manchmal daran scheitere, möchte ich ihn dir auf den Weg geben: *Konzentriere dich auf die Menschen, die du anziehen willst und nicht auf die, die dir schaden wollen.*

Tausche dich mit deinen Unterstützern aus, statt dir über doofe Kommentare Gedanken zu machen. Entfreunde Personen, die dir immer wieder Steine in den Weg legen. Lege deinen Fokus auf deine Fähigkeiten und deinen eigenen Weg – es muss nicht jeder nachvollziehen und verstehen können, warum du diesen Weg gehst, solange du selbst weißt, wieso du es tust.

Schritt 5: Werde sichtbar

Einer der schwierigsten Schritte im ganzen Markenbildungsprozess ist vermutlich, den Mut aufzubringen, sich wirklich zu zeigen, wie man ist. Interessanterweise haben Personen, die diesen Mut beweisen und auch mal Schwächen zeigen, rigoros ihren eigenen Weg verfolgen und sich nichts aus denjenigen machen, die ihnen schaden wollen, den meisten Zuspruch in der Bevölkerung. Vielleicht gerade aus dem Grund, weil es so schwierig ist, konsequent seinen eigenen Weg zu gehen.

Der letzte Schritt lautet daher: **Zeige dich der Welt!** Es gibt unzählige Möglichkeiten, wie du das anstellen kannst, denn im Grunde möchtest du ja immer, wenn du mit irgendjemandem Kontakt hast, deine Marke kommunizieren – also ganz du selbst sein. Im Folgenden möchte ich dich daher lediglich inspirieren, wie du dich zeigen kannst. Du musst für dich selbst entscheiden, welche Mittel zu dir passen und dich am besten repräsentieren.

Das Arbeitsblatt „Sichtbar werden" enthält eine Checkliste für dich, die du gerne um eigene Punkte ergänzen darfst.

Fotos

Ein Foto von dir deckt gleich mehrere Vorteile ab, die ich nicht oft genug betonen kann: Man kann dich einschätzen, man merkt, dass eine Person hinter dem Account steckt, es macht dich greifbar, gibt deiner ganzen Persönlichkeit ein Gesicht und hilft dir, tatsächlich sichtbar zu werden (wir hatten das ja schon in Kapitel 3, als es um dein Corporate Design ging). Selbstverständlich kannst du auch ohne Fotos durchs Leben kommen, aber ich habe ja schon zuvor gesagt: Menschen vertrauen Menschen, und wenn du kein Foto von dir preisgibst, bist du kein „Mensch", denn du bist nicht greifbar. Niemand interagiert gerne mit gesichtslosen Geistern.

Auch Fotos aus deinem Alltag wirken Wunder, weil sie dich menschlich und authentisch wirken lassen. Zeige mal, wie du schreibst, dass du Bücher signierst, wie du für neue Themen recherchierst und so weiter. Wenn du keine Food-Pics magst (Bilder, die zeigen, was du gerade isst), musst du das natürlich nicht zeigen. Wie immer gilt, dass du nur das veröffentlichst, womit du dich gut fühlst. Begehe nicht den Fehler, Fotos von Essen zu posten, weil das ja alle machen, obwohl du es eigentlich doof findest. Bleib einfach du selbst.

Falls du ein geschlossenes Pseudonym hast: Es ist natürlich schwierig, Fotos von sich zu zeigen, wenn man nicht erkannt werden will. In diesem Fall solltest du alle bisher genannten Schritte nicht für dich, sondern für dein Pseudonym ausfüllen. Als Pseudonym spielst du schon eher eine Rolle als wenn du dich selbst vermarktest. Sei also kreativ, was Fotos angeht! Oft reichen schon Fotos von deiner Hand, deinem Hinterkopf, vielleicht deinem Schatten … deiner Fantasie sind keine Grenzen gesetzt. Es gibt auch Menschen, die sich Tüten überstülpen oder Masken aufsetzen. Wie auch immer deine Wahl ausfällt, baue es in deine Marke mit ein.

Deine eigene Webseite
Der größte Vorteil einer eigenen Webseite (im Gegensatz zu sozialen Medien) besteht in der Individualität. Du kannst sie vollkommen so gestalten, wie es dir beliebt, sämtliche Farbvarianten durchprobieren, Schriften ändern und so weiter. Ich persönlich nutze das System von Wordpress, dem Marktführer für Webseiten. Dieses Buch hier bietet nicht den Rahmen, dir zu erklären, wie du eine Autorenwebseite erstellst. Wenn du auf diesem

Gebiet völlig neu bist, suche dir am besten jemanden, der dir die Grundlagen erklärt. In meinem Self Publishingkurs lernst du das beispielsweise (schau gerne mal auf *www.heldenliga.de* vorbei) und ich erstelle auch auf Wunsch eine professionelle Autorenseite für dich. Sprich mich einfach an.

Auf deiner Webseite hast DU sage das Sagen. Es ist dein Wohnzimmer und du bestimmst, was in deinem Wohnzimmer passiert. Richte dich so ein, dass du dich wohl fühlst und locke die Menschen von Facebook, Twitter und Co. auf deine Webseite, um dich nicht langfristig von Mr. Zuckerberg und den anderen abhängig zu machen.

E-Mail-Signatur

Eine oft vergessene Möglichkeit der Markenbildung ist die E-Mail-Signatur. Jedes Unternehmen nutzt sie, um professionell nach außen zu dokumentieren, wer es ist. Warum machst du das also nicht auch? In deiner E-Mail-Signatur sollte deine Webseitenadresse stehen, eventuell ein Link zu Facebook (oder zu dem Netzwerk, das du bevorzugst) und gerne der Hinweis „Autor", „Schriftsteller" oder wie du dich bezeichnen möchtest. Wenn du ganz keck bist, fügst du ein kleines Bild von dir ein. Meiner Erfahrung nach verringert das die Distanz zwischen Sender und Empfänger erheblich (!), du kommst sympathisch rüber, bist greifbar und dein Gegenüber weiß, mit wem er es zu tun hat.

Aber bitte: Kein Urlaubsfoto von dir am Strand oder auf einer Party! Wenn überhaupt, dann kommt an dieser Stelle nur dein professionelles Autorenfoto zur Anwendung.

Achte außerdem darauf, dass es noch immer E-Mail-Anbieter gibt, die die E-Mails standardmäßig in reiner Textform darstellen. Falls du viele Links in deine Mail integrierst, wird dein Empfänger unter Umständen viele unleserliche Zeichen sehen statt Bilder und Links.

Videos

Ich weiß, ich weiß: Videos sind eine riesige Hürde für 90 % der Menschen, mit denen ich spreche. Lass mich dennoch ein paar Worte darüber verlieren und dir vielleicht die Angst nehmen.

Ich wiederhole mich: Menschen sind visuell veranlagt. Texte zu lesen, fällt vielen schwer und strengt sie an. Der Videomarkt wächst so rasant, dass man seine Entwicklung nicht ignorieren sollte. Nicht nur YouTube freut sich darüber, auch Facebook gibt Videos, die direkt bei Facebook hochgeladen werden, eine viel größere Reichweite als Texten oder Bildern und Insider-Infos besagen, dass Facebook YouTube langfristig Konkurrenz machen will. Der Großteil der User schaut sich lieber ein zweiminütiges Video an als zwei Minuten einen Text zu lesen.

Videos übermitteln die größte Authentizität von allen Möglichkeiten im Internet! Das heißt im Umkehrschluss, dass du mit Hilfe von Videos deine Markenbildung am schnellsten voranbringen kannst. Es gibt Zahlen, die besagen, dass Webseiten, auf denen regelmäßig Videos veröffentlicht werden, häufiger besucht werden als solche, die auf Videos verzichten.

Videos zu drehen, erfordert ebenfalls großen Mut.
Ich weiß, wovon ich spreche. Wie immer, wenn man eine Sache zum ersten Mal macht, ist der Anfang holprig und fehlerhaft. Ich brauchte ungefähr 50 Versuche, bis ich eine Art Routine entwickelt hatte und ich in Videos so entspannt wurde, dass ich mich authentisch verhalten konnte. Fünfzig Videos! Aber ich war der Überzeugung, dass ich es irgendwann schaffen würde, mich so zu geben, wie ich tatsächlich bin (die ersten ca. 20 Videos sind nicht mehr online, weil ich nicht mehr dazu stehen konnte, die dreißig Videos danach sind allerdings noch immer abrufbar. Zwar bereitet es mir großes Unbehagen, wenn ich mir die alten Videos

nochmal ansehe, aber es zeigt mir, welche Sprünge innerhalb weniger Monate möglich sind und es ermutigt mich, weiterzumachen).

Hier mein Tipp, wenn du Videos doch mal gerne ausprobieren würdest, aber dich noch nicht traust: Stelle deine Videos nicht online, aber drehe welche. Da reicht zu Beginn absolut aus, die Handykamera zu nehmen oder eine Digitalkamera mit Videofunktion. Übe, wie du dich vor der Kamera verhalten kannst und trainiere den Umgang mit Schnitt-Software (von Haus aus hast du normalerweise den Windows Movie Maker oder iMovie auf dem PC bzw. Mac).

Was soll ich drehen?

Berechtigte Frage, denn zu Beginn weiß man oft gar nicht, was man sagen soll. Bei einem Video ist es wie bei einem Blogbeitrag oder einem Text, den du schreibst: Es läuft gleich viel besser, wenn du einen Plan hast. Vielleicht hast du ja vor, deinen Facebook-Freunden eine Leseprobe deines aktuellen Manuskriptes zu zeigen – stattdessen könntest du die Stelle auch vorlesen. Du kannst dich beim Schreiben zeigen oder etwas, das dich inspiriert. Alles, was du schriftlich auf Facebook stellen würdest, könntest du auch in Videoform machen: Zitate, die dich inspiriert haben, Tipps und Tricks, Antworten auf häufig gestellte Fragen, und so weiter. Weiter unten findest du noch mehr Ideen.

Gastartikel und Shoutouts
Eine sehr gute Möglichkeit, sichtbar zu werden, sind Gastartikel und so genannte Shoutouts, also Empfehlungen Dritter. Wenn du in Schritt 2 herausgefunden hast, wer die Influencer in deiner Branche und in deinem Umfeld sind, dann kannst du versuchen, diese Influencer für dich zu gewinnen und sie dazu zu bringen, dich weiterzuempfehlen (sei nicht traurig, wenn es bei vielen nicht klappen wird – Influencer mit einer großen Reichweite bekommen täglich teilweise 100 Anfragen dieser Art). Wenn du ein kluges Köpfchen bist, dann schreibst du nicht einfach wild irgendwelche Influencer an, sondern versuchst, *eine Beziehung zu ihnen aufzubauen,* bevor du sie um einen Gefallen bittest. Auch diese Leute sind nur Menschen und tun dir lieber einen Gefallen, wenn sie dich bereits kennen.

Wie man eine Beziehung aufbaut? Überlege dir, wie du dem Influencer helfen kannst und biete diese Hilfe an. Kommentiere seine Beiträge und Videos, interagiere mit ihm/ihr und plane mindestens zwei Monate ein, in denen du diesem Menschen einfach nur Gutes tust. Wenn du das Gefühl hast, dass er mittlerweile weiß, dass es dich gibt, versuche, ein Gespräch aufzubauen. Erst, wenn du bereits in Vorleistung gegangen bist, bitte auch den Influencer um Hilfe. Das klappt zwar nicht immer, aber sehr häufig.

Gastartikel auf größeren Seiten sind ebenfalls eine prima Möglichkeit, um sichtbar zu werden und dich zu zeigen. Im Zuge deiner Buchvermarktung wirst du vielleicht auch eine Liste mit Buchbloggern zusammenstellen. Statt sie immer zu bitten, dein Buch zu rezensieren, frag doch mal nach, ob sie nicht an einem Gastartikel interessiert wären. Du könntest beispielsweise aus deinem Alltag als Autorin berichten oder über Schwierigkeiten beim letzten Buch und wie du sie überwunden hast. **Überlege dir, was dich damals als Leser interessiert hätte.** Je höher die Reichweite des Blogs ist, desto besser.

Offline-Medien
Ich möchte nicht versäumen, auch auf die guten alten Offlinemedien hinzuweisen, also auf Zeitungen, Zeitschriften, Fernsehen und Radio, aber auch Flyer, Events, Vorträge oder Lesungen (wobei Lesungen mittlerweile auch online abgehalten werden können). Insbesondere Regionalzeitungen sind an Autoren interessiert, wenn

man sich ihnen aktiv vorstellt, von seinem Buch berichtet und vor allem eine Geschichte dazu präsentieren kann. Als Self Publisher ist meistens schon der Umstand, dass du dein Buch ohne Verlag veröffentlichst, einen Artikel wert. Als Verlagsautor/in legen die Journalisten meist mehr Gewichtung auf die Frage, wie du zum Schreiben gekommen bist und warum man dein Buch kaufen sollte. Wie du eine Pressemitteilung schreibst, kannst du übrigens <u>auf meinem Blog hier</u> nachlesen.

Was kannst du von dir zeigen?

Manchmal ist es schwieriger, das „Was" zu beantworten als das „Wie". Wenn du die vorherigen Kapitel gelesen hast, wird dir klar sein, dass *alles* darauf abzielt, dich authentisch darzustellen und markant zu machen. Das solltest du bei deiner Wahl, was du von dir zeigst, berücksichtigen. Hier mal ein paar Ideen aus der Praxis, was du wie zeigen kannst:

Deine persönliche Geschichte
In 98 % der Interviews, die irgendwann mal mit dir als Autor geführt werden, kommt die Frage, wie du zum

Schreiben kamst. Es ist egal, dass du das schon siebenundzwanzig Mal erklärt hast: Die Leute sind faul und lassen es sich lieber noch ein achtundzwanzigstes Mal erzählen, statt im Internet zu suchen, was du an anderer Stelle mal gesagt hast. Warum also nicht das Interesse aufgreifen und deine Geschichte von vornherein erzählen? Wie bist du zum Schreiben gekommen? Du bist Schriftsteller, also sorge dafür, dass du das auch interessant erzählst!

Vielleicht hast du auch eine ergreifende Geschichte parat, die Mitgefühl erzeugt oder du erlebst lustige Begebenheiten. Unsere Kollegin Britta Sabbag schreibt zum Beispiel kleine Szenen aus ihrem Alltag, die gleichzeitig Werbung für sie sind und trotzdem unterhalten.

Inspiration

Gibt es Orte, an denen du besonders gut schreiben kannst oder die du mit etwas Besonderem verbindest? Musik, die du in bestimmten Situationen hörst? Wie bringst du dich in „Schreiblaune", woher kommen die Ideen zu deinen Büchern? Auch Zitate oder Sprüche, die du toll findest, können gerne geteilt werden – idealerweise, indem du selbst ein entsprechendes Bild kreierst und dein Logo drauf packst. Bilddienste wie *Canva.com* oder *PicMonkey* helfen dir dabei.

Inhalte Dritter

Du hast einen tollen Artikel gefunden? Das Buch, das du gerade ausgelesen hast, war fantastisch? Oder hast du eine/n Autor/in kennengelernt, der/die Unterstützung bräuchte? Wenn du großzügig die Inhalte von anderen Personen teilst (selbstverständlich unter Beachtung des Copyrights und Urheberrechts), wirkst du freundlich, offen und sympathisch, denn du zeigst damit, dass du kollegial und souverän bist. Leser und auch Interessierte werden dich gezielt ansteuern, wenn sie wissen, dass man auf deiner Seite nicht immer nur Werbung für die eigenen Bücher um die Ohren geknallt bekommt, sondern interessante Inhalte vorfindet.

Lehrreiches

Wenn wir schon bei Inhalten Dritter sind: Es ist hilfreich, seinen Lesern ab und zu etwas beizubringen. Statt also bloß auf etwas hinzuweisen (zum Beispiel auf Canva und PicMonkey wie weiter oben), könntest du auch eine kurze Anleitung schreiben, an der man sich entlanghangeln kann, wenn man das erste Mal mit diesen Programmen arbeitet. Auch hier gilt: Mache das insbesondere für Dinge, hinter denen du voll und ganz stehst und die zu dir passen. Wenn du beispielsweise leidenschaftlich gerne im Garten bist und ein tolles Beet hast, zeige deinen Followern einen Trick, wie sie eine Orchidee zum Blühen bringen. Das hat zwar nichts mit dem Schreiben zu tun, macht dich aber menschlicher.

Werbung
Natürlich darfst und sollst du auch Werbung für dich und deine Bücher machen. Als Faustregel sagt man, einer von fünf Beiträgen kann Werbung sein. Aber auch bei Werbung gibt es aufdringliche und kluge Varianten: Du hast zum Beispiel bei Facebook ein Titelbild, in dem zwar keine Links sein dürfen, aber das Bild deines aktuellen Buches ist absolut okay (und den Link zum Buch schreibst du in die Bildbeschreibung).
Werbung umfasst alles, was mit deinen Büchern zu tun hat: Reine Links zu Amazon und Co., Leseproben, Textschnipsel, Cover-Enthüllungen, Gewinnspiele, Leserunden, Blogtouren, Rezensionen, Hintergründe zum Buch, …

Nun liegt es an dir.
Wenn du diese Schritte beachtest, wirst du mit der Zeit dich als Autorenmarke aufbauen. Es ist nicht immer leicht, du wirst vermutlich auch häufig an Stellschrauben drehen und dieses oder jenes ändern, und einen

Effekt gibt es häufig erst nach mehreren Monaten, in denen du kontinuierlich an dir und deiner Marke gearbeitet hast.
Aber es lohnt sich.

Wenn du bei einem Schritt Hilfe brauchst, sprich mich einfach an. Ich kann dir zwar nicht garantieren, dass ich dir bei jedem kleinen Schritt kostenlos helfen kann, weil ich dann den ganzen Tag über nichts anderes tun würde als Leuten zu helfen, ohne davon meine Miete bezahlen zu können, aber ich helfe, wo ich kann, und wenn ich einen bestimmten Punkt überschreite, biete ich dir dennoch Lösungsmöglichkeiten für weiterführende Aktionen an.

Lass mich bitte wissen, ob du an diesem Guide etwas vermisst, damit ich ihn weiter verbessern kann.

Alles Liebe für dich!

Deine Annika

Über die Autorin

Annika Bühnemann ist Autorin von Liebeskomödien und Thrillern. Sie kreierte 2014 den Blog „vom Schreiben leben", um herauszufinden, wie man mit dem Verkauf von Büchern und Texten ein regelmäßiges Einkommen aufbauen kann, welche Marketingmöglichkeiten es für Bücher gibt und wie man als Künstler auch Unternehmer sein kann. Der Blog wird monatlich von Tausenden Menschen gelesen und Annika ist mittlerweile eine gefragte Gesprächspartnerin auf Messen, bei Diskussionen und in der Buchbranche.

www.annikabuehnemann.de
www.vomschreibenleben.de

Alle Arbeitsblätter findest du auch online unter dem Link
> http://bit.ly/branding-download

Das Passwort lautet: 20Brandingheld15

Solltest du Probleme beim Abrufen der Arbeitsblätter haben, schreibe mir bitte eine Nachricht an
info@vomschreibenleben.de